SUN MYUNG MOON

LA FUERZA DEL CORAZÓN

Una selección de sus palabras

CUADERNOS PARA LA PAZ

2ª Edición española: enero de 2022

Editado por de la Federación de Familias por la Paz y la Unificación del Mundo de España.
Email: administrador@unificacion.org
Web: www.unificacion.org

Todas las citas están tomadas de volúmenes de discursos o recopilaciones de discursos dictados por Sun Myung Moon. Cuando ha sido posible se ha citado el volumen de los discursos completos en la edición coreana, citando primero el número del volumen seguido por el de la página. Asimismo, se ha tratado de citar la fecha en la que se dictó y el volumen en inglés que ha servido como referencia para la traducción.

Publicado por la Editorial Cuadernos para la Paz
Email: cuadernosparalapaz@gmail.com

ISBN: 978-84-123590-3-9

Índice

Primera Parte

El amor y la existencia humana

I

Por muy bella que sea tu voz, si cantas para ti mismo, sin nadie a tu alrededor que te escuche, no serás realmente feliz. Lo mismo ocurre cuando bailas: quieres bailar para ofrecer algo a los demás, para que te vean y se pongan a bailar contigo. Por eso, la palabra "felicidad" en sí misma tiene sentido allí donde hay otro que pueda valorarte.

Lo mismo ocurre con la paz. La paz, la igualdad, o cualquier virtud no pueden darse por sí mismas. La libertad no es algo que podamos disfrutar en soledad. Cuando estamos completamente solos, no hay nada que nos aporte valor o felicidad. Ha de haber una causa que nos haga desear ser libres, vivir en igualdad, ser realmente felices. Para que seamos felices debe siempre existir alguien.[1]

---

[1] Good and evil, 14 de febrero, 1973. Cf. New Hope, 12 talks. Vol. I. 1973, Holy Spirit Association for the Unification of World Christianity. New York

II

Imagínate que vieses a un hombre que estuviera bailando y gritando de alegría, pero totalmente solo: no se dirige a nadie, ni nadie le responde. Dirías que está loco.

Te consideras feliz porque tienes a tus padres, a tu marido o a tu mujer, a tus seres queridos. Le dices a alguien: "soy feliz porque te tengo a ti". Cualquier ideal, cualquier alegría, felicidad, cualquier cosa que tenga valor no se puede lograr sin que haya otra persona.

Estrictamente hablando, no eres feliz porque exista la música, sino porque escuchas los sonidos. No eres feliz porque haya alguien a tu lado, sino porque puedes verle, tocarle, hablar con él.

Por eso, en un mundo en el que no tienes a nadie a tu lado, nadie que te responda, no hay alegría, no hay felicidad, no se logra ningún ideal. Y si esto es verdad para los seres humanos, entonces también lo es para Dios.[2]

---

[2] God's grief; 27 de enero, 1973. Cf. New Hope, 12 talks. Vol. I. Op. cit.

III

Imagínate que el ojo humano decidiera ir a otra parte del cuerpo que no fuese la cabeza, por ejemplo a un brazo. ¡Sería muy extraño! Pero en realidad esto es lo que mucha gente hace al intentar ir adelante movidos por intereses puramente personales.

¿Se puede encontrar la felicidad por esta vía? Aquellos que cortan los vínculos con su familia, con la sociedad, con su país, con el mundo, e intentan ir adelante desde un ámbito privado, aislados de los demás, en realidad lo pierden todo. Da igual lo mucho que trabajen, no pueden conectar sus logros más que consigo mismos.[3]

IV

Por mucho que nos hayamos propuesto convertirnos en seres realizados, por mucho que queramos alcanzar completamente un determinado objetivo, si no somos felices, todo habrá sido en vano. Nuestra vida cotidiana ha de traernos felicidad, vivimos con este propósito. Cuando lo hayamos logrado, algo nuevo surgirá, algo más grande que la existencia misma.

---

[3] Let us protect ourselves; 1 de mayo, 1982. Cf. New Hope, 12 talks. Vol. I. Op. cit.

¿Qué es lo más valioso para un ser humano? El amor: él es el elemento clave que necesitamos para experimentar la felicidad. Da igual lo noble y elevado que sea el objetivo vital de alguien, si no consigue que el amor sea el factor determinante de sus objetivos, tendrá que buscarse otro. Los objetivos no pueden estar por encima del amor.[4]

V

¿Cuál creéis que es la razón de ser de la existencia humana? El amor. ¿Y dónde creéis que reside el propósito de la existencia humana? Se encuentra en la consumación del ideal del amor.

Los seres humanos venimos a la existencia a través del amor, así que nuestro propósito es perfeccionar el amor, crearle un fundamento, expandirlo, vincularnos a él.

Por decirlo de otra manera: como todo comienza con el amor, nuestros objetivos deben ser alcanzados también a través del amor.[5]

---

[4] 29-130, 1970.2.26. Cf. True families, Gateway to Heaven. 2009 HSA-UWC. New York.

[5] Blessed Family, 1062. Cf. True families. Op. cit.

VI

El amor es más valioso que la vida, porque los seres humanos sólo ganan en valor cuando hay amor. El amor puede hacer que un hombre o una mujer sean un tesoro.

Nadie pone en duda el valor de las joyas, pero en presencia del amor una persona se vuelve más valiosa que cualquier joya. ¿Preferiríais tener a un hombre o a una mujer que os amase, o la más valiosa de las joyas del mundo? Elegiríais a un marido afectuoso porque, una vez que os unierais, el universo entero se movería con vosotros, y Dios mismo estaría a vuestro lado. Todos los seres os prestarían atención.

El amor es miles de veces más valioso que los diamantes, y tiene además la fuerza para transformarlo todo, incluso a Dios.

El amor es algo inmenso, de valor incalculable, y por eso todo el mundo sufre por encontrarlo… ¿Es el amor algo agradable, aunque pasajero, o algo que perdura? El amor auténtico es eterno e inmutable. Es único, porque sólo él puede convertir cualquier cosa en un tesoro.[6]

---

[6] One Age, One Generation; 3 de septiembre, 1978. Cf. New Hope, 12 talks. Vol. II. 1984, Holy Spirit Association for the Unification of World Christianity. New York.

VII

Hemos nacido para amar. Tenemos una responsabilidad para con el amor, y nos pasamos la mitad de nuestras vidas aprendiendo a asumir esa responsabilidad.

¡Qué grande y maravilloso es que el ser humano haya nacido para hacerse responsable del amor![7]

VIII

¿Cuál es la forma del amor? Si el amor tuviese una forma concreta, por ejemplo cuadrada, sólo podría amoldarse a una persona que fuese cuadrada. Pero como el amor es como el aire, sin figura ni forma, puede llenar cualquier cosa. A veces puede ser redondo o a veces delgado. Puede incluso estirarse como una goma elástica miles de kilómetros. Pero aun así, el amor nunca se quejará diciendo: "¡ya basta! ¡No me estiréis más!" El amor tiene otra actitud: "tira más fuerte. Estira más aún". Aunque el hilo del amor se rompiese, Dios querría que siguiera desenrollándose de su bobina. Esa cuerda del amor arrastraría a Dios y se estiraría por siempre. Aunque Dios sintiera dolor, sería un dolor feliz.[8]

---

[7] One Age, One Generation; 3 de septiembre, 1978. Ibíd.
[8] 167:115, 1 de julio, 1987. Cf. World Scripture and the Teachings of Sun Myung Moon, 2007, Universal Peace Federation, New York, p.15.

IX

El amor no viene de uno mismo sino del otro. Teniendo esto en cuenta, podemos llegar a la conclusión de que hemos sido hechos para vivir por los demás. El hombre ha nacido para la mujer y la mujer para el hombre. Sólo viviendo para el bien de otros podemos descubrir el amor y recibirlo. No hay amor genuino si haces que los demás vivan para ti.[9]

X

El amor es todopoderoso, es más grande que la vida misma. No hay adjetivos lo suficientemente grandes para describir el amor. Es absoluto, inmutable, bello y dulce. Y, aun así, ninguna de estas palabras logra abarcarlo. A lo largo de la historia de la literatura y la poesía, ¿qué ha sido más elogiado, el amor o la vida? ¿La poesía ha puesto su atención en el poder o el dinero? No, el amor ha sido lo más elogiado. La razón es muy sencilla, aunque quizás muchos poetas no hayan sido conscientes de ello completamente.[10]

---

[9] 143:54, 15 de marzo, 1986. Cf. World Scripture. Op. cit., p.658

[10] The Day of the love of God, 20 de mayo, 1984. Cf. With the heart of a father. The victory of Danbury. Compiled and edited by Stephen Stacey. HSA-UWC Press. 1995, Warsaw.

XI

El amor es la ley suprema y el vínculo sagrado que une a dos o más seres en armoniosa unidad.

Por muy grande que sea nuestra autoridad, conocimiento o riqueza, cuando sentimos amor todos nos volvemos tiernos y obedientes como corderitos. Nadie en el mundo rechazaría o bajaría la mirada ante un amor así.[11]

XII

El mundo del amor es el más sagrado y divino. Tras alcanzar el amor absoluto, una persona conoce realmente el valor de ese mundo sagrado y misterioso. Y cuando conozcas ese mundo divino y misterioso, tu risa será divina y misteriosa, y la expresión de tu alegría, cuando cantes o bailes, también será divina y misteriosa.[12]

---

[11] May God Protect Us; 3 de junio, 1973. Cf. New Hope, 12 talks. Vol. I. Op. cit.

[12] The Greatest of All Is Love; 20 de marzo, 1977

XIII

En el amor las pruebas y las dificultades no son dolorosas. Imagínate a una chica que quisiera casarse con un hombre guapo, un buen hombre. Esta mujer podría estar despierta toda la noche, bordando algo que agradara a su futuro marido. Por muchas horas que trabajara no se cansaría.

Cuando trabajas por el amor de Dios no llegas a sentir cansancio. Por eso, por mucho que trabajemos y nos esforcemos, somos felices al hacerlo. Ahí radica el secreto para poseer el amor.[13]

XIV

Al igual que el guiso de judías coreano sólo sabe bien cuando se sirve en un cuenco de barro, podemos encontrar un amor genuino únicamente si formamos disciplinadamente nuestro carácter.

Por ejemplo, para conseguir el sabor adecuado de cada plato, las costillas asadas han de servirse en una fuente y el guiso de judías coreano en un cuenco de barro. Una vez que te hayas acostumbrado al sabor agreste, profundo y refrescante del guiso de judías coreano, nunca podrás olvidarlo, vayas a donde vayas.

---

[13] Way of life; 16 de febrero, 1973. Cf. New Hope, 12 talks. Vol. I. Op. cit.

De la misma manera, una vez que la gente se habitúe al sabor sencillo, profundo y relajante del amor, siempre querrán quedarse con ese sabor de boca.

Por el contrario, al igual que nos cansamos de la comida basura, que suele estar fuertemente endulzada, si pudiéramos conseguir el amor fácilmente y en cualquier lugar, no podríamos llamarlo verdadero amor.[14]

XV

El amor no puede ser auténtico y verdadero si es sólo para mí. No puedo apropiarme de ese tipo de amor. El amor verdadero es para todo el mundo y para el universo. Es lo que une a la familia, la sociedad, la nación, al mundo y al universo.[15]

---

[14] Blessed Families and the Ideal Kingdom, vol. I, 354, 3 de enero, 1986. Cf. True families. Op. cit.

[15] Blessing and Ideal Family 1.3.8. Cf. World Scripture. Op. cit., p.657

XVI

Cuando la gente os pregunte dónde encontrar un amor auténtico, podéis responderles: "el amor auténtico se encuentra en el sacrificio auténtico. Cuando te entregas completamente a los demás no pides nada a cambio". Quizás esto les ayudará a entenderlo, pero querrán saber más cómo pueden sacrificarse de verdad.

Añadir la palabra "auténtico" o "verdadero" viene a significar la entrega incondicional de lo más valioso que posees, tu vida, a los demás.[16]

XVII

En el corazón del amor todo se une. Lo integra todo, no hace distinción. Como lo incluye todo, lo abarca todo: está en su esencia y se manifiesta externamente en forma de respeto.

Lo interno y lo externo se articulan en un movimiento circular; por lo que el respeto promueve la inclusión y la inclusión promueve el respeto.

Además, el amor nos hace ser "mutuamente receptivos". Eso quiere decir, por ejemplo, que el abuelo no está siempre en esa posición. A veces el abuelo

---

[16] Cross over the boundary; 6 de octubre, 1974. Cf. New Hope, 12 talks. Vol. II. Op. cit.

puede convertirse en nieto, y el nieto puede convertirse en abuelo; eso es lo que significa "mutuamente receptivos". Por eso, siempre y cuando haya un corazón amante y se mantenga un ambiente afectuoso, no podrá haber hostilidad. Todo el mundo lo aceptará.

Ni el conocimiento ni el poder son capaces de crear un entorno tan respetuoso y acogedor, sólo el amor lo consigue; al igual que cuando un niño hambriento se encuentra arropado en el seno de su madre puede olvidar el hambre y dormirse.

¿Qué podría ser más valioso que el amor?

¿Los diamantes? Imagínate que tu mujer o tu hijo estuvieran enfermos, al borde la muerte.

¿Te negarías a vender un diamante para cubrir los gastos médicos? ¿Sería eso amor?

El amor genuino tiene el poder de transformarlo todo.[17]

---

[17] 139:196-97, 31 de enero, 1986. Cf. World Scripture. Op. cit., p.687

XVIII

Os cuento una historia de mi infancia: un día capturé un par de pájaros e intenté que se besaran con sus picos. Para verlos besarse, los metí en una jaula, los alimenté y los observé. Lo hice por el puro deseo infantil de ver cómo se amaban. Fue un experimento motivado por la curiosidad de comprender los principios de la naturaleza. Seguí insistiendo y comprendo ahora que fui bastante travieso.

Sólo después de mucho tiempo entendí que el amor se logra de una forma natural. El amor sincero brota con naturalidad en un ambiente más espontáneo posible.[18]

[18] Blessed Families and the Ideal Kingdom, vol. I, 353, 1986.1.3. Cf. Citado en True families. Op. cit.

Segunda Parte

El camino espiritual

I

A lo largo de la vida hay diferencias entre la infancia, la juventud, la madurez y la vejez. Esto es verdad no sólo en los seres humanos, sino también en la naturaleza. Observamos que las cuatro estaciones se suceden una tras otra.

Si te empeñas en vivir siempre en verano y nunca te preparas para el invierno, entonces tendrás un gran problema cuando llegue. En invierno, aquellos que no piensan en la primavera y se encierran en habitaciones cálidas y acogedoras estarán muy incómodos cuando venga la nueva estación. ¿Puedes empeñarte en vestir ropas de invierno cuando llega el verano? No, necesitas cambiar de ropa para adaptarte a cada estación.

Lo mismo ocurre con nuestras vidas. Aquellos que están en el verano de la vida, en la flor de la juventud, quieren vivir para siempre en ella, pero esto no puede ser. Es natural que haya cambios. Pero ¿no sentís a veces el deseo de tener siempre la misma edad? De alguna manera, teméis que con el cambio podáis declinar. Sabéis por experiencia que no siempre podemos estar bien.

Cada día, tu estado de ánimo tiene altibajos. Al cabo del día, si ves que has tenido más altos que bajos, piensas que has tenido un buen día. Pero si ha habido más bajadas que subidas, te dirás que ha sido malo. Quizás pienses que no quieres tener más bajones en tu vida, pero no puede ser así.

En este mundo de cambios, lo importante es la forma en que digerimos aquello con lo que nos encontramos, la forma en la que lo transformamos en algo bueno.[1]

II

Observando el río Hudson, puedes ver que las aguas profundas fluyen en silencio. Pero río arriba han ocurrido ya muchas cosas: el agua se ha arremolinado en profundos torbellinos, ha golpeado las rocas, de la misma manera que en tu vida también se dan esas variaciones. Tal vez seas como la cascada o como el agua que fluye por los rápidos.

Ante cualquier acontecimiento no has de desanimarte por la aspereza del camino. Sólo si pasas por las rocas y las cascadas podrás alcanzar el corazón del océano.[2]

---

[1] Challenge and victory, circa 1973. Cf. New Hope, 12 talks. Vol.I. Op.cit.

[2] A prophet speaks today. The words of Sun Myung Moon. Edited by W. Farley Jones. HSA-UWC Publications; New York, 1975.

III

La unidad es el punto de partida del amor, donde el amor habita.[3]

IV

Imaginaos que hubiera dos hombres que son buenos amigos. Aunque caminaran juntos, se separarían en cuanto uno de ellos diese muestras de egoísmo. Aunque penséis que no hay fronteras en una situación, siempre hay división donde surge el egoísmo.[4]

V

Imagina que quieres escribir algo en un cuaderno. Mientras escribes, tú y el cuaderno estáis unidos. Si amas a ese cuaderno y vuelcas toda tu alma y energía en él, entonces puede surgir un escrito inspirado. Debes sentirlo profundamente.

Antes de hacer algo has de contemplarlo y estar seguro de que estás unido con ese objetivo. Entonces podrás empezar en armonía, y gracias a ese amor lo conseguirás, materializarás esa idea.

---

[3] Heart; 30 de marzo, 1973. New Hope, 12 talks. Vol. I. Op. cit.
[4] Cross over the boundary; October 6, 1974. Cf. New Hope, 12 talks. Vol.II. Op.cit.

Al mirar a las cosas, no lo hagas de una forma superficial. Si prestas atención a fondo y te concentras en un tema, podrás comprenderlo y llegará a ser tuyo. Tú estarás en él y él estará en ti, en completa unidad.

Si tu mirada está enfocada totalmente en un punto, podrás profundizar en él, en vez de encontrarte con algo al azar. Allí donde dos se encuentran en un punto alcanzarán una unidad completa.[5]

VI

Cuando dos dedos quieren sujetar algo tienen que aunar esfuerzos. Cuando dos manos se estrechan se unen sus zonas más profundas. Si dos personas se aman desean abrazarse, no darse la espalda. Permanecer unidos es una expresión de amor, por lo que cuando os amáis no queréis separaros.

Si no hay amor entre vosotros quizás estéis juntos, pero os separaréis fácilmente. Pero allí donde haya amor, su fuerza magnética os mantendrá unidos.[6]

---

[5] Heart; 30 de marzo, 1973. Cf. New Hope, 12 talks. Vol. I. Op. cit.

[6] Ibíd.

VII

Imagínate a una pareja casada que tienen algunas diferencias y están distantes el uno del otro.

¿Estaría bien que la mujer se aferrase a su posición y dijera a su marido: "haz lo que yo te diga, y así podremos estar unidos"; y que el marido hiciera exactamente lo mismo? No funcionaría. La auténtica unidad en el amor de Dios nunca ocurrirá mientras se albergue un amor egoísta. Entonces, ¿en qué consiste realmente el amor verdadero? Una persona no ha de ceder a la otra para estar en sintonía y viceversa, sino que ambos, al acercarse, pueden confluir en un punto intermedio: esto sería amor auténtico. Es decir, los dos deben renunciar a sí mismos para poder unirse de verdad. Éste es el patrón del amor verdadero que conduce, finalmente, a la armonía completa.

El amor solo puede pulir las diferencias y lograr la armonía entre las cosas. Nada puede perturbar ni obstaculizar al amor verdadero. Ambas partes han de ser obedientes la una a la otra, han de querer estar juntas. Unidas podrán disfrutar de la armonía y la belleza.

Quizás te digas: "¡oh, no!… Odio la palabra *obediencia*. ¿Por qué tengo que obedecer a mi marido o a mi mujer? Quiero estar libre de esa atadura, quiero ser una persona libre". Pero en el amor auténtico, la obediencia, la lealtad, la entrega… todo es posible y nada puede humillarte. Querrás estar sometido a ese amor.[7]

VIII

Antes de querer ser amado has de intentar tener unidad en ti mismo. Pero en este mundo, todos quieren ser amados por otros, sin intentar unirse a ellos, sin comprender su corazón.

Por ese camino nunca podrás encontrar ni recibir un amor completo ni maduro.[8]

IX

El amor comienza allí donde la mente se recoge, va donde la mente siente armonía. Primero tenemos que lograr crear un entorno en el que se aprecie el amor, y de esa manera, allá donde la mente vaya, el amor la seguirá.[9]

---

[7] Ibíd.

[8] Ibíd.

[9] Blessing and Ideal Family. Part 1, vol. II. 1998, Family Federation for World Peace and Unification, Canada, p.149.

X

La unidad se produce donde las personas ofrecen toda su energía creativa, donde se entregan, no donde sólo buscan recibir.

Recibir algo puede ser bueno si, después de ello, pones de tu parte y devuelves más de lo recibido.[10]

XI

El amor auténtico se origina en el punto cero: en el lugar donde la mente y el cuerpo se unen. Allí se llenan todos los vacíos y se nivelan todos los excesos. En ese lugar mente y cuerpo descansan completamente. Sólo el amor tiene la fuerza para transformarnos, nada más lo consigue.

En el punto cero, tanto la mente de la esposa como la mente del marido están preparados para unirse totalmente. En el punto cero, ni la esposa ni el marido se aferran a sus propias ideas. Mientras se mantengan en ese punto no habrá noción de dualidad, sólo unidad. Viven el uno para el otro. Ése es el punto cero. En ese estado son libres para hacer cualquier cosa. Donde quiera que vayan, hagan lo que hagan, son libres.[11]

---

[10] 82:326, 1 de febrero, 1976. Cf. World Scripture. Op. cit., p.691

[11] 230:103, 26 de abril, 1992. Cf. World Scripture. Op. cit., p.661

XII

Nuestro ser espiritual y nuestro ser físico han de resonar como un diapasón. Cuando se percute un diapasón, éste hace que resuene otro diapasón de la misma frecuencia que esté cerca. De la misma manera, cuando el amor de Dios mueve nuestro espíritu, nuestro cuerpo responde automáticamente.

¿Qué hace que nuestro cuerpo y nuestra mente resuenen al cien por cien, qué les lleva a unirse? No es la sabiduría o el poder Dios, sólo el amor lo consigue.[12]

XIII

Cuando tu mente y tu cuerpo estén en perfecta unidad podrás escuchar a tu mente cantar y te sentirás ligero, como si estuvieras volando o bailando. Cuando mires al mundo, será mucho más bello, como si tuvieras unas gafas para ver la unidad. Verás las cosas como Dios las ve. A través de esas gafas el mundo es bello, no existe la fealdad.[13]

---

[12] 223:356, 20 de noviembre, 1991. Cf. World Scripture. Op.cit., p.111
[13] Heart; 30 de marzo, 1973. Cf. New Hope, 12 talks. Vol. I. Op. cit.

XIV

Necesitamos entrenar nuestra manera de pensar y cómo utilizamos la mente. La meditación y la oración son métodos para cultivar la mente.[14]

XV

Desarrollando una actitud meditativa y contemplativa, una persona puede florecer llegado el momento oportuno.[15]

---

[14] 67:178, 10 de junio, 1973. Cf. World Scripture. Op. cit., p.571

[15] Pure Way of Truth and Public Righteousness, July 18, 1982. Cf. New Hope, 12 talks. Vol. II. Op. cit.

Tercera Parte

Una vida de bondad

I

Cuando me pongo a hacer algo me digo a mí mismo: "he nacido para hacer esto". También vosotros deberíais decir: "he nacido para esto, estoy hecho para esto". Entonces trabajaríais con alegría.

El amor es hacer las cosas porque nos gusta hacerlas. Una relación de amor nos permite alcanzar la cima de la alegría. Tenemos que ponernos manos a la obra hasta que encontremos la manera en la que nos guste hacer algo. Dios bendice a las personas que sienten pasión por lo que hacen.[1]

II

Todo lo que concibas en tu mente has de practicarlo. No basta sólo con pensarlo. ¿Por qué es necesario actuar? Cuando tus acciones se corresponden con tus palabras se crea un centro, un lugar donde se unen palabras y actos, donde hay unidad entre la mente y el cuerpo.[2]

---

[1] 308:214, 5 de enero, 1999. Cf. World Scripture. Op. cit., p.118
[2] 248:89, 1 de agosto, 1993. Cf. World Scripture. Op. cit., p.741

III

Cuando una persona es íntegra gracias a un amor genuino, puede abrirse camino hacia la cima de su valor, de su dignidad, hasta el punto más elevado. Éste es el estado de unidad entre mente y cuerpo.

Toma dos diapasones de la misma frecuencia: cuando golpeas a uno, el otro resuena con él. De la misma manera, cuando el amor auténtico golpea la conciencia, el cuerpo resuena con ella.[3]

IV

Tómate el tiempo necesario para experimentar con tus sentidos: a través de tus ojos, tu nariz, tu boca y tus orejas; y entonces comienza a creer a través de tus experiencias personales. Es importante que dediques el tiempo suficiente para tener estas experiencias.

Las personas muy egoístas no son capaces de percibirlo con claridad, pero cuando alguien que lleva una vida llena de la gracia de Dios mira a la naturaleza, puede experimentarlo todo como si fuera nuevo. Por las mañanas todo les parece nuevo y al llegar la tarde les sigue pareciendo nuevo. A medida que la gracia de Dios te inunda lentamente,

---

[3] 223:356, 20 de noviembre, 1991. Cf. World Scripture. Op. cit., p.111

como una ola, experimentas la fascinación y el misterio en todas sus dimensiones. Quien sea capaz de sentir algo así será feliz.[4]

V

Una vez en prisión alguien dijo algo que me molestó tanto que no pude evitar gritarle. Para mi sorpresa, me llevó dos semanas enteras recuperarme. A veces es así de difícil. La ira y el enfado hieren mucho la vida espiritual, perjudican nuestra paz interior.

De la misma forma, en nuestra mente se ha de crear un ambiente cálido en el que podamos florecer. Quienes nunca están satisfechos ni sienten paz, quienes no experimentan agradecimiento en su interior, nunca podrán ayudar a otros, mucho menos ayudarse a sí mismos.[5]

---

[4] 30:134-35, 21 de marzo, 1970. Cf. World Scripture. Op. cit., p.343
[5] Let us be grateful, 18 de junio, 1978.

VI

Si no te quieres a ti mismo, ¿crees que alguien podrá quererte? No podrás ser querido por alguien si no te quieres a ti mismo. Aquel que se odia a sí mismo será odiado por todos. No hay manera de que la gente pueda quererle. Como cada uno es el mejor amigo de sí mismo, si alguien no se quiere a sí mismo, ¿cómo podría ser querido por otro?

Es natural que si me amo a mí mismo también ame a mi padre y a mi madre. Si me quiero a mí mismo, alguien a su vez podrá quererme. Y si me quiero a mí mismo entonces también podré querer a otros. Si te sientes así de una forma constante y lo pones en práctica, entonces podrás amar y ser amado por los demás. Y si eres querido por otras personas, significa que te quieres a ti mismo y que quieres a los demás.[6]

---

[6] Ibíd.

VII

La gente que no ama a su país tampoco puede amar a Dios. Quienes no aman a sus padres tampoco pueden amar a su país. Yendo aún más lejos, quienes no se aman a sí mismos no puede amar a sus padres. Por eso, para poder amar a los padres, para poder amar al país, al mundo y a Dios, primero has de amarte a ti mismo.

Por eso enseño que "antes de querer gobernar el universo has de saber gobernarte a ti mismo". Lo primero es trabajarse a uno mismo, llegar a ser alguien que encarne y entregue un amor sin límites. Si no es así, no serás lo suficientemente fuerte como para amar a tu familia, a tu país o al mundo; ni tampoco podrás amar totalmente a Dios.[7]

VIII

¿Quién es una buena persona? No es alguien que desea que los demás le obedezcan. Una buena persona es la que vive por el conjunto.

¿No es verdad que los miembros de una familia suelen estar de acuerdo en quién es el hijo con mejor actitud? Si les preguntáis, desde los abuelos a

---

[7] 22:97-98, January 26, 1969. Cf. World Scripture. Op. cit., p.588

los primos, os dirán: "sí, esta es la persona, porque es el que se da más a los demás". Sin duda ese hijo no será el tipo de persona que pida a su abuelo que le complazca constantemente. Aunque fuera un niño pequeño, pensaría cómo comportarse y hacer más feliz a su abuelo. Día y noche trataría de ayudar a todos los miembros de su familia, incluso a sus primos y a sus parientes lejanos. Ese niño sin duda sería un gran nieto, alguien en quien la familia podría depositar sus esperanzas.[8]

IX

El criterio para distinguir la bondad ha de ser algo realmente único y eterno. Me gustaría que tuvierais una comprensión clara de lo que es bueno:

Has de ver todo como un acto de servicio a los demás y no por tu propio beneficio.

Has de prestar mucha atención y escucharlo todo como una entrega hacia los demás, no para ti mismo.

Has de hablar, manejar las situaciones y utilizar tus cinco sentidos por el bien de los demás y no por ti mismo.

---

[8] 174:11-12, February 23, 1988. Cf. World Scripture. Op. cit., p.663

Si algún día encontraras a alguien que viviese de esta forma anhelarías estar cerca de él, te fijarías en todo detalle: en sus ojos, su nariz, su boca... en todo su ser. Sentirías un gran afecto hacia esa persona.

Las buenas acciones darán como fruto buenos resultados y el afecto de los demás.[9]

X

Dicho con sencillez, una mala persona es aquella que ha abandonado su posición dentro del esquema general de las cosas, perdiendo su conexión con el todo. Es alguien que una vez tuvo algo y que lo ha perdido.

[...] Por otro lado, cuando se elogia a alguien por ser bueno, se trata siempre de alguien que hace el bien, que favorece a los demás.[10]

---

[9] Good and evil; February 19, 1973. Cf. New Hope, 12 talks. Vol. I. Op. cit.

[10] Let us protect ourselves; May 1, 1982. Cf. New Hope, 12 talks. Vol. I. Op. cit.

XI

Querría que comprendierais que lo que motiva el bien y lo que motiva el mal tienen un mismo origen: el amor. El amor puede desarrollarse en algo bueno o en algo malo.

Quizás a veces utilicéis palabras duras y malsonantes al hablar a alguien, pero si lo hacéis intentando que esa persona ame al mundo, entonces no hay un motivo egoísta y esa acción será buena. Y da igual lo dulces o tiernas que sean vuestras palabras; si la motivación es egoísta, entonces lo que hagáis será malo. Aunque utilicéis las mismas palabras o frases, una de ellas puede conllevar algo bueno y la otra algo malo.[11]

XII

Consideremos un ejemplo de hombre bueno y de hombre malo. Ambos comienzan teniendo diez amigos. El hombre bueno les sirve desinteresadamente, día tras día, año tras año, durante décadas, a lo largo de toda su vida. Esas diez personas dirán de él que es su mejor amigo. Como le aprecian, le presentan a su madre, a sus hermanos y a todos sus parientes.

---

[11] Parent's Day, 8.4.78.

El hombre malo piensa que sus amigos están para servirle. En cuanto les dijera varias veces: "¡oye! ¡Haz algo por mí!", todos sus amigos huirían, no querrían tener nada más que ver con él.

¿No es cierto? Una forma de vida egoísta te lleva al camino de la autodestrucción, al infierno. Pero aquellos que dan, que entregan su vida al servicio de otros, entrarán en el Reino de los Cielos, pues viven de acuerdo a los principios de Dios.[12]

XIII

La bondad no se consigue en un instante. Si queremos ser buenas personas tenemos que heredar el pasado. Por eso necesitamos un aprendizaje, ir a la escuela, comprender nuestra herencia.

A lo largo de la historia, aquellos que se han sacrificado para allanar el camino de la bondad no tuvieron vidas fáciles. Tenemos que heredar el espíritu de aquellos que se sacrificaron en el pasado.[13]

---

[12] 69:86, 20 de octubre, 1973. Cf. World Scripture. Op. cit., p.663
[13] 50:101, 6 de noviembre, 1971. Cf. World Scripture. Op. cit., p.716

XIV

Cuando centras tu vida en la humanidad es cuando encuentras la paz y la armonía, pero cuando te vuelves egoísta entonces la armonía y la unidad desaparecen.[14]

XV

Presta atención a cada persona, trátala con un corazón afectuoso y con sinceridad. Di al menos tres cosas buenas y positivas cada día.

Además de tus palabras, realiza tres buenos actos cada día, da igual lo pequeños que sean. Cuando saludes a alguien, no lo hagas por pura inercia, sino con nobleza y sinceridad.[15]

---

[14] The Things That Belong to God and the Things that Belong to Man, 15.5.77)

[15] 99:142, 10 de septiembre, 1978. Cf. World Scripture. Op. cit., p.689

XVI

Respeta a todas las cosas por ser sagradas.

Respeta a las personas por ser sagradas, como si cada una de ellas fuese el cuerpo sagrado de Dios.

Respétate a ti mismo por ser alguien santo, pensando que tu mente es la mente de Dios, y tu cuerpo el Suyo.[16]

XVII

¿A cuántas personas habéis amado realmente, con un amor auténtico? ¿Alguna vez habéis amado a la gente con el corazón de un Padre, en la posición de siervos, derramando sudor por la tierra y sangre por el cielo? ¿Sabéis lo que esto realmente significa? Tenéis que preguntaros siempre: ¿amo a la gente con un amor así? Con el amor que habéis recibido de Dios, así tenéis que amar al resto de la humanidad. Ése es el corazón del amor.[17]

---

[16] 102:113, 27 de noviembre, 1978. Cf. World Scripture. Op. cit., p.686

[17] The Ideal World of Adam; 1 de junio, 1982. Cf. Cf. New Hope, 12 talks. Vol. II. Op. cit.

XVIII

Para lograr [una tradición espiritual y una forma de vida íntegra] has de tener una filosofía fundamental: vivir entregado a los demás. Decide que has nacido para ayudar a otros y que así es como vivirás tu vida. El amor perfecto sólo se consigue cuando te das a los demás. Si todo el mundo pensara: "los demás han de servirme y respetarme", nada bueno saldrá de ello. Por ejemplo, la actitud adecuada para una pareja sería la de apoyo mutuo, el decir: "yo me doy a ti y tú te das a mí, y ambos nos damos ánimos". De esa manera se genera un movimiento recíproco. Para mantenerlo cada uno debe invertir energía en el otro.

Al entregarte a otros estás consumando el propósito de tu existencia, estás cumpliendo una tradición espiritual, llevando una vida ejemplar y manifestando un amor ideal. Practiquemos esta forma de vida, desde plano individual hasta el familiar, nacional, mundial y universal, hasta alcanzar el corazón de Dios. A medida que te hagas más fuerte y alcances objetivos cada vez más grandes, encontrarás que estás siendo acogido en el seno de Dios.[18]

---

[18] Three Stages of Judgment, en torno a 1973. New Hope, 12 talks. Vol. I. Op. cit.

XIX

Los momentos decisivos de la vida no ocurren a lo largo de un periodo de tiempo, sino en un único instante. La gente que deja pasar un instante pierde la posibilidad de conseguir algo valioso.

(...) Por eso, para conseguir un único momento que resplandezca, que brille, cuida cada una de tus palabras, cada una de tus acciones e incluso cada pensamiento que albergues. Afronta la vida y resuelve tus problemas pensando que la calidad de tu vida cotidiana llegará a tener su efecto en el mundo. Es la única forma en que podrás superarte a ti mismo. Ese éxito se decide en un instante. Lo mismo ocurre con los logros que se dan en un contexto el plano histórico y universal.

Quienes conocen el valor infinito de un instante glorioso y viven en consecuencia con él pueden convertirse en grandes personas, en santos, en hijos e hijas de Dios. La encrucijada entre la vida y la muerte se atraviesa en un instante.[19]

[19] 31-217, 31 de mayo, 1970. Cf. True families. Op. cit.

Parte Cuarta

La experiencia familiar

I

El hombre y la mujer se armonizan y se unen en el punto central del amor. Allí todo es una manifestación del amor: hablas con amor, escuchas con amor, tocas con amor. En cada aspecto de la relación se expresa un amor absoluto, único, inmutable y eterno.

Cada parte de ti anhela ser tocada por ese amor. Cuando las manos de un marido cariñoso acarician el pelo de su mujer, lo atraen como un imán. El amor es un imán que lo une todo. Todo el cuerpo, especialmente los labios y la boca, están hechos para responder a esas circunstancias: para hablar del verdadero amor y compartir los ideales del verdadero amor.[1]

II

No podemos hacer realidad el amor por nosotros mismos. ¿De dónde viene el amor? No viene de mí mismo, sino de mi pareja. Como el amor viene de mi pareja, tengo que ser dócil ante ella, prestarle atención. Es aquí donde se origina el principio sagrado de vivir para el bien de los demás.

---

[1] The Ideal World of Adam; 1 de junio, 1982. Cf. New Hope, 12 talks. Vol. II. Op. cit.

Cuando algo profundamente noble viene a mí tengo que mostrarle respeto para poder recibirlo.[2]

III

Cuando un hombre y una mujer están unidos en cuerpo y mente e irradian esta bondad al universo, son como flores en todo su esplendor. La fragancia de su amor llena el universo entero, cautivando a todas las criaturas. Cada ser despierta y agudiza su olfato para oler ese aroma seductor. Incluso Dios exclamaría "¡Guau!, ¡es increíble!" Quedaría cautivado, se sentiría naturalmente atraído por ellos, les prestaría toda Su atención y les daría todo su aliento.[3]

IV

¿Por qué hizo Dios que el hombre necesitara una mujer, y la mujer a un hombre? Porque no quiso que vivieran de una forma independiente, sino que viviesen unidos para el futuro del mundo, que actuasen de acuerdo al amor y deseo de Dios. Cuando marido y mujer viven cogidos de la mano, ven el futuro con optimismo, rechazando la realidad del mal, pueden superar cualquier situación.

---

[2] 143-277, 30 de marzo, 1986. Cf. True families. Op. cit.

[3] 128:88, 5 de junio, 1983. Cf. World Scripture. Op. cit., p.253

Las dificultades de la vida no perjudicarán su futuro, sino que les animarán a tener una nueva visión. Las experiencias duras no les frenarán el paso. Donde un hombre y una mujer se respeten mutuamente y sean conscientes totalmente del valor del futuro, habrán creado un espacio lleno de felicidad.[4]

V

Un hombre puede estar orgulloso de su mujer eternamente y una mujer puede estar orgullosa de su marido eternamente. Nada en el mundo importará excepto vuestro amor. Al final, cosas como el conocimiento o el dinero no tendrán importancia. Eres feliz cuando tienes a alguien de quien estar realmente orgulloso y a quien amar con todas tus fuerzas.

Aunque estéis en la miseria y no tengáis nada que comer o tan solo un vaso de agua para beber, podréis estar unidos con vuestra pareja si os comprendéis mutuamente y si ambos estáis orgullosos uno del otro. Tal vez por las noches tengáis que dormir bajo las estrellas, pero viviréis felices si os comprendéis y os sentís orgullosos el uno del otro.

---

[4] Blessing and Ideal Family. Part 1, vol. II. 1998, Family Federation for World Peace and Unification, Canada, p.173

Si preguntaras a Dios de qué está más orgulloso en el universo te respondería: "de los hombres y las mujeres que se aman completamente y que se enorgullecen el uno del otro. Su amor es lo más hermoso que se pueda contemplar". El amor es eso que hace reír a cualquiera, incluso al universo. Cada uno de vosotros se está esforzando para que llegue el día en el que pueda sentirse orgulloso de su marido o de su mujer y gritarlo al universo con alegría. El amor crea unidad horizontal y vertical. Puede conquistarlo y ocuparlo todo. Incluso Dios estará indefenso ante vuestro amor.[5]

VI

Tu vida ha de tener tal profundidad que, incluso cuando te rías, esa risa se eleve desde la punta de tus pies y recorra todo el cuerpo hasta salir finalmente por tu boca. Cuando seáis así, os cogeréis de la mano como marido y mujer y Dios descansará sobre vuestros hombros, compartiendo vuestra unidad. De esa unidad vendrán vuestros hijos.

¿Confiáis en que podréis conseguir este ideal? Conocéis la verdad y la verdad os hará libres. Hacedlo todo conscientes de este ideal: caminad, hablad y pensad con este ideal en mente.

---

[5] Let us thank God. 29 de mayo, 1977. Cf. Cf. New Hope, 12 talks. Vol. II. Op. cit.

Cuando viváis así, nunca os aburriréis. Cuando estéis con vuestro amado cónyuge, podréis hablar toda la noche sin dormir ni un solo minuto y os dará igual. Podréis hablar a vuestro amor toda la noche y al llegar la mañana os encontraréis apoyados y dormidos sobre su hombro. Ésa es la hermosa pareja que Dios quiere ver.[6]

VII

¿Por qué necesitamos hijos? Para conocer el amor de Dios. Tenéis que conocer el amor de los padres y saber cómo cuidarlos y ocuparos de ellos. Habéis de conocer el amor de vuestra pareja y saber cómo ocuparos de ella. Habéis de conocer el amor de los hijos y saber cómo ayudarles. Entonces podréis comprender el amor de Dios.[7]

---

[6] The Ideal World of Adam; 1 de junio, 1982. Cf. Cf. New Hope, 12 talks. Vol. II. Op. cit.

[7] Wisdom of Marriage and Family: Excerpts from the speeches of Rev. Sun Myung Moon. Compiled by Michel Hentrich; June 2, 2010. Online edition at www.tparents.org

VIII

Las madres y los padres no pueden lograr la unidad sin sus hijos. ¿Por qué los padres valoran el amor de sus hijos? No pueden remediarlo. Una madre y un padre se aman el uno al otro a la vez que aman a sus hijos, no actúan de forma egoísta. Eso crea una cuerda de amor que ata a la madre y al padre.[8]

IX

¿Cuál es la esencia del amor? Es vivir para los demás. Es dar a los demás desinteresadamente con total conciencia. ¿Dónde se origina el amor? En Dios. Él es el sujeto del amor absoluto, y dar es la esencia de Su amor.

Podemos ver la esencia del amor en el amor de los padres. Quizás un hijo desdeñe a sus padres, se rebele y se vuelva malo; pero si el padre le ama más que antes, el hijo se arrepentirá. Si un padre regañara a su hijo diciéndole: "¡te he amado mucho, me he roto la espalda por ti, tú, mocoso desagradecido!", entonces quizás después de tres regañinas de éstas el hijo se iría de casa.

---

[8] 18:329, 13 de agosto, 1967. Cf. World Scripture. Op. cit., p.968

Pero imagínate que ese padre llorase arrepentido frente a su hijo y le dijera "He fallado en amarte más". ¿No creéis que ese hijo volvería?

Un amor grande tiene el poder de digerir y de unir amores más pequeños.[9]

X

Podemos ver que los padres que han cuidado de muchos hijos tienen un corazón muy grande. Este tipo de padres sienten que no pueden hacer daño ni a las personas más difíciles. Esto nos muestra que se mueven en un ámbito de normas más universales.

¿Y qué hay de Dios? ¿Acaso le gustaría amar a una única persona, ignorando a todas las demás; a familias, a clanes, a países y al mundo? Si Dios es un padre, entonces querrá compartir equitativamente su amor con todo el mundo.[10]

---

[9] 48:182, 12 de septiembre, 1971. Cf. World Scripture. Op. cit., p.665
[10] Wisdom of Marriage and Family. Op. cit.

XI

La belleza del matrimonio es que anima a las personas a pensar siempre en sí mismas en relación a los demás. Vivir en una familia nos obliga a pensar en términos de "nosotros", los hijos en sus padres, los padres en sus hijos, y a cada hijo a pensar en sus hermanos y hermanas.[11]

XII

Los padres se sacrifican en el proceso de amar a sus hijos. Da igual lo mucho que se entreguen a ellos, no lo tomarán como una carga, ya que en un corazón amante está implícito el sacrificio. Toda la energía que empleen volverá a ellos como un estímulo para seguir amando. Cuanto más inviertan, más alegría sentirán. Gracias a esta fuerza se puede superar el dolor del sacrificio.

De forma parecida, marido y mujer se entregan el uno al otro hasta el punto de dar sus vidas y, a pesar de todo, encontrarán alegría. En el amor puedes entregarte infinitamente y sentir que recibes a cambio una alegría infinita. El sacrificio en sí mismo es algo que consume, es una fuerza negativa. ¿Cómo puede alguien sentir alegría yendo a

---

[11] The Day of the love of God, 20th May, 1984. Cf. With the heart of a father. Op. cit.

menos? Desde un punto de vista ordinario es imposible. Sin embargo, es posible gracias al amor.

¿Por qué Dios derramó todo Su amor? Porque sin amor nada vuelve. A través de una relación de amor entre un sujeto y un objeto se pone en marcha una acción eterna de dar y recibir que multiplica el poder de Dios. Podemos concluir que el amor crea la eternidad y por eso dice la Biblia que Dios es amor.

Según las leyes de la mecánica, el volumen de salida nunca puede ser mayor que el de entrada. Si fuera así con respecto al amor, entonces cuando Dios amara con todo su ser se vaciaría paulatinamente. Por ello creó el principio por el cual en el amor se puede dar más que lo que se recibe. Y por eso las auténticas relaciones entre padres e hijos, las verdaderas relaciones de pareja y entre hermanos y hermanas se crean a través de un amor altruista. Lo genuino de esas relaciones depende de que se mantenga ese modelo de sacrificio. Los hijos saben que sus padres les aman realmente cuando se sacrifican por ellos.

Aunque el sacrificio es doloroso, cuando los hijos están completamente agradecidos y corresponden al amor de sus padres, los padres sienten una alegría aún mayor. De la misma forma, una pareja en la que se sacrifiquen el uno por el otro se renovará constantemente, resucitada por la fuerza de esa entrega. Y un marido y una mujer que compartan sus sufrimientos el uno con el otro podrán estar unidos para siempre. Los amigos auténticos son aquellos que se sacrifican unos por otros.

El amor prospera cuando uno se sacrifica y se entrega a los demás. Así pues, el sacrificio acompaña al amor.[12]

XIII

No podemos vivir al margen de nuestro corazón. Aunque fueras el presidente de un país o tuvieses autoridad a nivel mundial, no podrías vivir si no tuvieras un lugar donde expresar una alegría profunda. No puedes recibir esta satisfacción profunda de la gente bajo tu responsabilidad, de tus empleados, las personas que te siguen. Has de sentirla en tu familia. Tienes que sentir alegría al volver a casa junto a tu mujer y tus hijos. Deberías sentirte orgulloso de esa alegría frente a los demás. Ésta es una alegría esencial, no una alegría pasajera.

[12] 11 de septiembre, 1972. Cf. World Scripture. Op. cit., p.670

Lo mismo ocurre con Dios. Aunque recuperase al mundo entero, sin una familia no podría encontrar la alegría. Por eso necesitamos familias.[13]

XIV

Cuando miras a una familia, ésta no es necesariamente buena sólo porque tenga una buena casa o un buen entorno. Al contrario, por muy humilde que sea su situación familiar o lo ruinosa que esté la casa, si en ella se respira la paz y puedes relacionar con ella todo lo que haces en tu vida, entonces es una buena familia. En ella existe un fundamento en el que padres e hijos viven los unos por los otros. Éste es el hogar del que surgen nuestros mejores recuerdos, la fuente de inspiración para toda nuestra vida, el elemento decisivo para la felicidad.[14]

---

[13] 25-85, 30 de septiembre, 1969. Cf. True families. Op. cit.
[14] 29-16, 15 de febrero, 1970. Ibíd.

XV

Los padres sufren cuando uno de sus hijos está enfermo. Y si uno de tus hermanos se hace daño, tú sientes dolor. Al ver a la gente que sufre por la pobreza o la guerra, un santo siente su dolor más intensamente que el suyo propio; da todo lo que tiene para ayudarles, olvidando sus propias circunstancias.

Este camino nos ha sido legado como el modelo de moralidad más alto a lo largo de toda la historia. Es el espíritu altruista, el amor a la humanidad.[15]

XVI

Para crear una familia en la que reine el amor has de ser incondicional. Los padres representan el pasado, el marido y la mujer el presente, y los hijos el futuro. Amar a alguien durante toda tu vida es semejante al amor que Dios tiene hacia el mundo. [La familia] es el lugar en el que los padres, la pareja y los hijos ofrecen su amor como un ejemplo que representa al cielo y la tierra, animando a sus descendientes a seguirles.

---

[15] 186:74-75, 29 de enero, 1989. Cf. World Scripture. Op. cit., p.697

El hogar original del corazón, el lugar en el que se siente un afecto divino, será recordado en el cielo y la tierra.[16]

XVII

La familia es un libro de texto que nos enseña cómo crear una conexión con el Reino de los Cielos. Cuando lo apliques a tu país, llegarás a ser un patriota; cuando lo amplíes al mundo, serás un santo; y cuando lo practiques en el cielo y en la tierra, serás un hijo de Dios, un hijo o hija sagrados.[17]

---

[16] 30-78, 17 de marzo, 1970. Cf. True families. Op. cit.
[17] 137-77. 18 de diciembre, 1985. Ibíd.

Parte Quinta

Uno con el mundo y el universo

I

El mundo es una familia a escala macrocósmica. Una familia que ha logrado realizar completamente el ideal del amor tiene un arriba (los padres), un medio (marido y mujer) y un abajo (los hijos), una izquierda y una derecha (marido y mujer) y un delante y un detrás (hermanos).

Todas las relaciones de arriba y abajo se asemejan a la que hay entre padres e hijos; izquierda y derecha pueden asemejarse a marido y mujer; y delante y detrás a las relaciones entre hermanos y hermanas.

¿Qué puede hacer que todas estas relaciones se unan? ¿Puede lograrlo el dinero, el poder o el conocimiento? Nada de eso lo hará. Sólo el amor auténtico puede hacerlo. Ésta es una verdad irrefutable. Sin verdadero amor, la familia no puede tener una forma esférica.

¿Por qué es importante para nuestras familias tener buenas relaciones entre padres e hijos y entre hermanos y hermanas? Porque estas relaciones son los libros de texto para desarrollar nuestro amor. Aprendemos lecciones en nuestras relaciones familiares y las practicamos en este vasto mundo.

¿Cómo hemos de amar? Jesús dijo "Amarás a tu prójimo como a ti mismo". ¿Qué quiso decir? Que cuando te encuentres a un señor mayor has de tratarle como si fuera tu propio abuelo. Relaciónate con hombres y mujeres de las edades de tus padres como si fueran tu propio padre o madre y considera a la gente joven como si fuesen tus propios hijos e hijas. Has de tratar a todo el mundo como tratas a los miembros de tu familia. El mundo puede compararse con una feria de muestras en la que hay muchos tipos de personas. Algunas son mayores que tú, otras son de tu misma edad y otras son más jóvenes. Algunas están por delante de ti y otras por detrás, y otras están a tu mismo nivel. El mundo se presenta ante ti con todos estos tipos diferentes de personas. Si puedes amar a cada una de ellas de la forma apropiada, Dios morará en ti en el centro de ese amor.[1]

---

[1] 128-22, 29 de mayo, 1983. Cf. True families. Op. cit., p.14

II

Cuando camines por la calle, si ves a un señor mayor muy encorvado has de pensar: "mi Padre Celestial podría tener ese aspecto cuando venga a verme". Cuando veas las manos rugosas e hinchadas de un obrero has de pensar: "mi Padre Celestial, que me está buscando, podría tener peor aspecto que él".

Cuando te encuentres a un mendigo, has de inclinar tu cabeza, pensando: "no es un mendigo, sino que en realidad es mi Padre Celestial". Has de saber que el corazón de Dios mora en cada una de esas personas de aspecto miserable y lamentable. Has de amarlas, sea cual sea tu situación o tu posición social, has de derramar las lágrimas con el corazón que tendrías si cada uno de ellos fuera tu padre. Sólo entonces podrás encontrar a Dios.[2]

III

¿Qué es el Reino de los Cielos? Es donde amas a la gente del mundo como amas a tu propia familia. Si eres capaz de hacer esto serás un ciudadano del Reino de los Cielos. Tu abuelo y tu abuela, tu madre y tu padre, tu esposo o esposa, tus hermanos y

---

[2] 8:345-46, 28 de febrero, 1960. Cf. World Scripture. Op.cit., p.697

tus hijos, cuatro generaciones de miembros de una familia te proporcionan lecciones de vida para que profundices en la experiencia del amor. Los ciudadanos del Reino de los Cielos comienzan a experimentar el verdadero amor del universo en sus familias. Por eso, tu familia es la base y el material de estudio para aprender las lecciones fundamentales de la vida.[3]

IV

No puedes entrar en el Reino de los Cielos a no ser que ames a los desconocidos más de lo que amas a tus propios hermanos y hermanas. Has de amar a todo el mundo de la misma manera que amas a Dios.[4]

V

¿Qué es el verdadero amor? El amor de Dios. ¿Y qué es el amor de Dios? En palabras de Jesús, amar a tus enemigos. Si un blanco ama a otros blancos, no hay nada especial en ello. Cuando una persona blanca ama a una persona negra, sin embargo, eso la acerca al verdadero amor.

---

[3] 129-98, 1 de octubre, 1983. Cf. True families. Op. cit.

[4] Way of God's Will, 1.8. Cf. World Scripture. Op. cit., p.677

Sin lugar a dudas, el amar a tus enemigos es un amor de verdad. ¿Por qué amar a tus enemigos es verdadero amor? Porque nadie puede criticarte o quejarse por ello. Siempre es redondo y puede fluir por doquier. Vaya ese amor hacia un lado o hacia el otro, vaya donde vaya: a los ojos, a la nariz, a la boca, a cualquiera que sea el lugar, siempre es bueno.[5]

VI

El grado de bondad queda siempre determinado por la contribución del individuo a la prosperidad del conjunto.

La contribución de una persona a la meta común del bienestar de la humanidad es el factor decisivo no sólo para su grandeza, sino también para su propio bienestar.[6]

---

[5] 115:315-16, 29 de noviembre, 1981. Cf. World Scripture. Op. cit., p.680

[6] The Things That Belong to God and the Things that Belong to Man; 15 de mayo, 1977.

VII

No podemos negar el vínculo que cada uno de nosotros tiene con entidades más grandes, como la sociedad o el país. Cada persona forma parte automáticamente de su familia. Un estudiante, además de ser un individuo, forma parte de su colegio. Es normal que cada uno quiera ser parte de algo más grande, pero por desgracia la gente tiende con facilidad a pensar de sí misma como si estuviera al margen de esas entidades mayores.[7]

VIII

¿Cuál es el camino por el que podemos vivir una verdadera vida? Según avanzamos en el camino, lo principal que hemos de mantener en mente es vivir para el bien de los demás. Confucio, Jesús, Mahoma y Buda, todos afirmaban esta verdad.

Vivir para el bien de los demás es el principio universal que define el camino por el que hemos de vivir nuestras vidas la ley del verdadero camino de la vida.[8]

---

[7] Let us protect ourselves; 1 de mayo, 1982. Cf. New Hope, 12 talks. Vol.II. Op.cit.

[8] 133:18, 1 de julio, 1984. Cf. World Scripture. Op. cit., p.68

IX

Con verdadero amor las cosas que la ley exige parecen naturales. El amor auténtico inspira en las personas una actitud sacrificada. Cuando vives con verdadero amor es natural pensar: "ignoraré mis propias necesidades para hacer feliz a esa persona". Donde el amor está presente, hasta las leyes se simplifican.[9]

X

El Dios único es el Dios de todas las religiones. Por ello, las religiones han de purificarse y elevarse a través de principios universales. El valor central de la religión es el verdadero amor y éste se resume en la enseñanza "vive para el bien de los demás". El individuo vive para su familia, la familia para su comunidad, la comunidad para su país y el país para el mundo. De la misma forma, mi religión ha de vivir para otras religiones. Éste es el principio de los principios. La fuente de este principio universal es Dios. Al crear el universo, Dios se entregó completamente a Sus criaturas.

---

[9] In search of our home, 1982.07.11. Cf. New Hope, 12 talks. Vol.II. Op.cit.

A lo largo de la historia, Dios ha estado constantemente sacrificándose para salvar a los seres humanos caídos que han vivido sus vidas a su antojo.

Los profetas, los santos y los sabios que conocían la voluntad de Dios han seguido este principio sagrado en sus propias vidas. [10]

XI

Hasta ahora, la gente ha pensado que la vida religiosa pertenecía a una especie de plano etéreo, lejos de la vida humana y se imaginaban que Dios les elevaría al cielo con Su poder.

Pero el camino hacia el cielo consiste en ampliar el rango de nuestro amor, amando a los miembros de nuestra familia, a nuestros vecinos, amigos, parientes, paisanos, compatriotas y a la población entera del mundo. [11]

---

[10] 234:222, 20 de agosto, 1992. World Scripture. Op. cit., p.13

[11] God's grief; 27 de enero, 1973. Cf. New Hope, 12 talks. Vol.I. Op. cit.

XII

Hay quienes intentan desarrollar su vida espiritual y alcanzar a Dios a través de la meditación, la autodisciplina, etc. Pero ese no es el camino.

Quien ama a los demás alcanza a Dios rápidamente y logra acercarse más a Él.[12]

XIII

El verdadero amor de Dios es la meta final, y para poder hacerla comprensible ha de haber una enseñanza que muestre el camino del verdadero sacrificio. ¿Existe esa enseñanza en el mundo de las religiones?

¿Cuál es el significado básico de una verdadera religión? Es un método para poder enseñar este verdadero sacrificio y practicarlo. Practicando el verdadero sacrificio, las fronteras podrán eliminarse y el mundo encontrará el verdadero amor.[13]

---

[12] A prophet speaks today. Op.cit.

[13] 124:296, 1 de marzo, 1983. World Scripture. Op. cit., p.746

XIV

En este mundo todo es redondo: el sol, la tierra y las estrellas; todo lo que ha sido creado es circular. Incluso nuestra boca, si la analizamos, es circular. El universo produce relaciones dando vueltas y vueltas, describiendo movimientos cíclicos. Se puede decir que, si algo tiene una forma circular, no existe de forma separada, sino que existen en conexión con el conjunto.

Entonces, ¿para qué hemos nacido?

Hemos nacido para latir al ritmo de este inmenso universo. Las olas del mar que rompen contra la orilla rompen también contra nuestro corazón. El susurro de una ligera brisa tranquiliza y apacigua nuestro corazón. Las flores en su plenitud emanan un aroma intenso, despertando así las fragancias de nuestro propio corazón.[14]

---

[14] Cross over the boundary; October 6, 1974. Cf. Cf. New Hope, 12 talks. Vol. II. Op. cit.

XV

Anhelo un mundo perfecto, un mundo que realice el propósito de la creación, que trascienda el mundo de la consciencia, un mundo en el que se pueda sentir una paz sin límites. ¿Cómo sería vivir en un mundo así? Con tan solo ver una brizna de hierba podrías elogiar el valor de su existencia.

Aunque como ser humano fueras algo muy pequeño en comparación con este mundo descomunal, todas las criaturas te felicitarían, te dirían: "¡eres realmente increíble! Cada vez que te mueves, el cielo y la tierra y la vida eterna se mueven; hasta el corazón de Dios se conmueve". Todos tendríamos que alcanzar este nivel.[15]

XVI

Cuando tu mente y tu cuerpo estén en unidad, cuando hayas alcanzado el lugar en el que puedas abrir las puertas del amor, entonces tu mente resonará con todo el universo. Podrás convertirte en un escritor o en un poeta. En ese estado, te abrirás a la relación con todo en todas sus dimensiones.

[15] 9:320, 19 de junio, 1960. World Scripture. Op. cit., p.343

Entonces, incluso observar la caída de una hoja agitada por el viento te hará reír de felicidad.[16]

XVII

No pueden solucionarse los problemas medioambientales del mundo sólo con los esfuerzos de los científicos, ni con los de una persona o una institución, o un país… Se necesitan la cooperación y el sacrificio de todo el mundo, más allá de los intereses de cualquier comunidad o país. Este espíritu de cooperación sólo se conseguirá cuando todo el mundo se considere como parte de la familia que es la humanidad. Este cambio en la conciencia humana lleva muchísimo tiempo siendo necesario, y hoy es vital para la supervivencia actual de la humanidad.[17]

---

[16] 137:232, 3 de enero, 1986. Ibíd., p.167
[17] 74:108-09, 21 de noviembre, 1974. Ibíd., p.157

XVIII

El amor a Dios comienza por lo más pequeño. Significa amar aquello que tienes y al medio ambiente. Haces tuyas las cosas que amas como elementos vitales. Ama a todas las cosas con ecuanimidad. El universo entero existe en el amor y tú formas parte de él. Por eso, si vives entregado al universo, éste volverá a tu regazo.[18]

XIX

Cuando observamos la creación, sentimos una emoción sobrecogedora brotando de lo más profundo de nuestro corazón, y de una manera natural nos doblegamos a ella. Al contemplar las constelaciones del cielo nocturno o al explorar la naturaleza que nos rodea experimentamos el arrebato de algo impresionante y misterioso en lo más profundo de nuestro ser. Este estado es el lugar donde comienza la religión. Al contemplar todas las criaturas vivientes y los fenómenos de la naturaleza nos sentimos como entonando cánticos que surgen del interior de ese hermoso mundo del corazón.

---

[18] 5:344-45, 8 de marzo, 1959. Ibíd., p.135

Al interpretar la música de la naturaleza, al exhibir el arte de la naturaleza, y al recitar los poemas de la naturaleza, todo ser viviente resuena en nuestro corazón.

Es entonces cuando podemos relacionarnos con Dios, que gobierna sobre los cuerpos celestes. ¡Experimenta la sensación de estar íntimamente conectado con todo! Entonces entrarás en un estado en el que tu corazón podrá apreciarlo todo en su justa medida, un estado místico en el que sentirás todo en su plena realidad.

Dios creó a los seres humanos para estar conectados con Su creación, la cual guarda una estrecha relación con Su creador. Desde fuera parece que somos pequeños e insignificantes, pero cuando contemplamos a la naturaleza desde este punto de vista podemos sentir el auténtico valor y dignidad del ser humano.[19]

---

[19] 290:129, 15 de febrero, 1998. Ibíd., p.154

Parte Sexta

Uno con Dios

I

Cuando observas en tu interior, encuentras algo de un valor inmenso…

Algo así como la Fuente, el Origen, Dios.[1]

II

Es un principio que la experiencia precede a la comprensión. No sabemos lo que es el frío hasta que sentimos frío. De manera similar, para saber que Dios existe has de sentir Su presencia en cada fibra de tu ser. ¿En qué medida experimentas a Dios? ¿En qué medida confirma tu experiencia real la existencia de Dios? Esa es la cuestión.[2]

III

¿Cuál es la fuente de la felicidad? ¿Puede alguien ser la fuente de la felicidad? ¿Puede otra persona darte felicidad eterna? Tras pensar en ello, podemos llegar a la conclusión de que si no hubiese Dios tendríamos que crear uno.

---

[1] A prophet speaks today. Op.cit.

[2] 58:291-92, 25 de junio, 1972. World Scripture. Op. cit., p.8

Hemos de tener a Dios, aunque sea en nuestra imaginación. Incluso si nos estuviéramos engañando, si tuviésemos a ese Dios en nuestra imaginación y si entregándonos a Él sintiéramos que nos es dada la felicidad definitiva, entonces seríamos felices. No hay ningún ser humano que nos pueda dar eso. Hemos de tener un Dios que trascienda la vida humana o la vida no tendría sentido. Si, llegado el momento, descubriéramos que ese Dios realmente existe, ¡qué felices seríamos![3]

IV

Queremos que alguien nos proteja en la realización de nuestro destino. ¿Cómo habría de ser ese alguien? Tendría que trascender la historia; es decir, el pasado, el presente y el futuro. Habría de trascender tiempo y espacio. Por desgracia no hay ser humano, por muy grande que sea, que pueda trascenderlos.

Por eso necesitamos tan desesperadamente a alguien que pueda responder por nuestra vida de fe. Si no pudiéramos encontrar a alguien así en la sociedad, querríamos crearlo en nuestra imaginación y fantasear con su protección. Pero si existiera ese

[3] Way of life; 16 de febrero, 1973. Cf. New Hope, 12 talks. Vol. I. Op. cit.

ser, ¡qué felices seríamos!, ¡qué impacientes estaríamos por encontrarle!

Cuanto más difíciles fueran las circunstancias, más inseguridad tendríamos y más fervientemente partiríamos en su búsqueda. En esta situación, a no ser que te empeñaras en confirmar su existencia y comenzar una buena relación con él, nunca podrías encontrarte seguro en tu vida.[4]

V

El proceso de creación es la proyección del Dios invisible en formas físicas. Es como un imán que necesita tanto un polo norte como un polo sur para operar. Hay dos aspectos de Dios, el interno y el externo. Así, la idea de Dios fue que el Dios invisible y el Dios visible –Adán, el ser humano estuvieran en armonía. Su relación crearía un circuito. A través de esa relación, lo interno se convertiría en lo externo, y lo externo en lo interno, una y otra vez, en un movimiento cíclico. Así sería como el Dios interno y el Dios externo se convertirían en un solo ser.[5]

---

[4] May God Protect Us; 3 de junio, 1973. Cf. New Hope, 12 talks. Vol. I. Op. cit.

[5] 105:193-94, 21 de octubre, 1979. World Scripture. Op.cit., p.16

VI

El Ser Absoluto no es un concepto, sino más bien una existencia real que se ha revelado a lo largo de la historia de la humanidad. Los santos, sabios y guías espirituales que han aparecido en todas las épocas y lugares, sin excepción, han apelado a la conciencia y el corazón humanos, instando a la gente a practicar el amor al prójimo.

Cada vez que la gente respondía y seguía sus enseñanzas, ellos y sus países disfrutaban de paz y prosperidad, pero cuando se negaban, caían en la confusión y el declive. Incluso en el caos actual, la humanidad espera, consciente o inconscientemente, la aparición de santos y sabios modernos que puedan revelar el camino del amor.

Todo ello muestra que el Ser Absoluto es una existencia real que trabaja tras el escenario de la historia. Es el Sujeto del amor, que ha trabajado con santos, sabios y guías espirituales en cada época. Trabaja para conseguir Su objetivo: crear un mundo de valores morales, un mundo donde el amor sea la norma.[6]

---

[6] 69:238, 21 de noviembre, 1973. Ibíd., p.10

VII

¿Cómo ama Dios? No es difícil responder a esto. Como Dios no tiene forma, puede ir a donde quiera: puede manifestarse en los ojos de una mujer, en su corazón, o en cualquier parte. ¿Dónde vive Dios? Mora dentro de nuestro corazón.[7]

VIII

¿Dónde se encuentran las raíces del dolor de Dios? Están dentro de nosotros, en nuestros países, en este mundo y en todos los seres. Hemos de poner en marcha un movimiento capaz de eliminarlas y de recuperar la alegría de Dios. El centro de nuestra vida de fe debería ser el sufrimiento de Dios.

Cuando vivimos derramando lágrimas por Dios, podemos sentir Su amor eterno y cumplir la misión de ser Sus representantes.

Inmersos en el corazón afligido de Dios, no necesitamos rezar, no dependemos de doctrinas. Antes de rezar ya sentimos el corazón de Dios.[8]

---

[7] 128:325. World Scripture. Op. cit., p.29

[8] 4:60, 2 de marzo, 1958. Ibíd., p.231

IX

Cuando estés unido en amor auténtico con Dios, serás soberano sobre toda Su creación, tanto en su dimensión física como espiritual. Cuando vivas entregado completamente a otros te acercarás a lo más esencial de Dios. Entonces, la voluntad de Dios se volverá tu voluntad y los sentimientos de Dios fluirán naturalmente en tu corazón. Viviendo de esta manera te transformarás en un recipiente del corazón y del amor de Dios. Dios y tú siempre resonaréis juntos como dos diapasones.[9]

X

¿Qué es un auténtico ser humano? El que juega con Dios, descansa con Dios, duerme con Dios y vive con Dios. Aquél que desea hacerlo todo con Dios es el más grande y genuino ser humano. Dios busca a estos seres humanos verdaderos. Por la misma razón, los seres humanos van en búsqueda de lo que es auténtico, y de un mundo ideal. Un mundo donde todos viven con Dios es un mundo de amor verdadero, de felicidad plena.[10]

---

[9] 201:206, 9 de abril, 1990. Ibíd., p.240
[10] 60:284, 18 de agosto, 1972. Ibíd., p.122

XI

¿Cómo podemos experimentar el corazón de Dios, Su alegría al crear las cosas? Medita sobre Él desde la mañana hasta que se ponga el sol, sentado en un jardín o en una pradera en las montañas.

Sumérgete plenamente en la meditación hasta que pierdas la noción del tiempo. Respira profundamente y el aire del universo vendrá a ti con la fuerza de la vida. Habita junto a esa fuerza vital del universo. Expira y todos los seres renacerán de nuevo. Si entras en un estado de relajación profunda, todas las cosas se armonizarán contigo. Alcanzarás la posición de un ser absoluto, soberano de toda la creación...

Expira y todo te recibirá, inspira y todo te será devuelto. Si correspondes a la creación con amor, todo lo que hay en el universo se relacionará entre sí.

Mantente en relación con ellas y llegarás a transformarte en el centro de armonía. Así te convertirás en un ser que se asemeje a la naturaleza en toda su belleza, como el universo mismo. Una vez que vivas en ese estado, te transformarás en el centro de armonía del universo entero.[11]

---

[11] 29:133, 26 de febrero, 1970. Ibíd. cit., p.805

XII

Decimos muchas veces que el cuerpo humano es el templo de Dios, ¿pero qué es un templo? ¿Es un lugar en el que se trabaja para sobrevivir? ¿Es una fábrica o una oficina? Cuando pensamos en un templo, imaginamos un lugar de descanso, un lugar tranquilo. ¿Dónde podemos descansar? Ha de ser en medio del amor.

Un templo es un lugar apacible lleno del amor de Dios. Si queremos ser templos de Dios, tenemos que tener esa misma cualidad: estar interiormente serenos y llenos del amor de Dios. Queremos elevar nuestro ser interior hasta ese nivel.

En cuanto personas que expresan el amor de Dios, somos parte del mundo del corazón. Eso significa que nuestro amor será como una fuente que nunca se secará, podrás sacar de ella toda el agua que quieras y nunca se agotará. Y no lo hará porque Dios está ahí.[12]

---

[12] 91:78, 30 de junio, 1977. Ibíd., p.1079

XIII

¿Por qué podemos estar agradecidos a Dios? Porque se nos ha dado el poder de interactuar y de armonizar con el cosmos.

El deseo de todos los seres humanos de armonizarse con los demás no surge de ellos mismos, sino de Dios.[13]

XIV

Cuando tengas un problema, no pidas ayuda a Dios. En vez de eso di: "Padre, ayuda al mundo". Este tipo de actitud es parecida a la de alguien que tiene muchos hermanos y dice a sus padres: "en vez de ayudarme a mí, por favor, cuidad de mis hermanos y hermanas". Este tipo de actitud es la más querida por los padres.

Es correcto que en una familia común ese hijo se levante temprano y hable con sus padres mientras los otros hijos están todavía en la cama. De la misma manera, los hijos de Dios pueden crear una buena relación con Él. Los padres confían en ese hijo, y lo mismo ocurre con Dios y Sus hijos. Este hijo será naturalmente el centro, el heredero, el

---

[13] Let us thank God; 29 de mayo, 1977. Cf. New Hope, 12 talks. Vol. II. Op. cit.

hijo predilecto de sus padres. Podrán contarle todos sus secretos. Éste es el modelo de intimidad que aspiramos a tener con Dios.

Cuando te enfrentes al sufrimiento has de superarlo por ti mismo. Has de ver la situación en su conjunto y resolver cómo enfrentarte a ella.[14]

XV

¿Qué clase de relación te gustaría tener con Dios? Habrá personas más avanzadas que nosotros que podrían protegernos con su posición, sus riquezas o sus conocimientos. Pero es más deseable que haya alguien que nos proteja con el calor del amor. Si van a hacerlo, queremos que nos protejan no sólo durante un tiempo, sino para siempre. ¿Quién puede hacerlo? Nuestros padres. Necesitamos a nuestros padres. Después, necesitamos a nuestros hermanos y hermanas y, también, a nuestra pareja y, finalmente, a nuestros hijos. Con ellos seremos dichosos a lo largo de nuestra vida.

Da igual lo maravilloso que sea un día vivido con otros en el que podamos alegrarnos de la belleza de nuestro entorno, si alguien a quien amamos está al

---

[14] Faith and reality, 18 de marzo, 1973. Cf. New Hope, 12 talks. Vol. I. Op. cit. Ibíd.

borde de la muerte, no podemos seguir disfrutándolo. Da igual lo felices que sean las circunstancias, si nuestro ser amado está en una situación trágica, compartiremos el mismo sentimiento.

Viendo las cosas desde este punto de vista, podemos disfrutar de la felicidad más grande cuando estamos con nuestros seres queridos, compartiéndolo todo y experimentando un amor ideal en su expresión más elevada.[15]

XVI

El amor de Dios y el amor humano son esencialmente el mismo. El amor produce unidad.[16]

XVII

¿Qué es el amor de Dios? Es un amor que no está satisfecho con lo que ha dado. Se avergüenza porque querría haber dado más. Si lo das todo y aún te avergüenzas de que podrías haber dado más, entonces eres un señor del verdadero amor. Un padre afectuoso siente ansiedad de no haber podido comprar mejores ropas para sus hijos, por lo que compensa esas deficiencias con amor. Por eso, el

---

[15] May God Protect Us; 3 de junio, 1973. Ibíd.
[16] Blessed Family - 334. Cf. True families. Op.cit.

amor que ha sido dado en situaciones de escasez regresa en abundancia. El amor no se ve reducido cuando se entrega, sino que brota, se ve complementado por algo más grande. Por eso nada prospera sin amor. La vida eterna no existe sin amor.[17]

XVIII

¿Cómo podríamos caracterizar el amor de Dios? Puede compararse a un cálido día primaveral, donde las nubes blancas flotan suavemente en el cielo, el calor sube del suelo, los insectos pululan, las hormigas trepan dentro y fuera para ver el mundo, los sauces brotan junto al arroyo, las ranas entonan canciones primaverales, las abejas revolotean y las mariposas aletean

Te sientes ebrio de esa atmósfera. Estás somnoliento, pero en realidad estás despierto y te encuentras tan bien que quisieras quedarte así para siempre. Cuando Dios encuentra a Su compañero ideal siente lo mismo, es cómo si se encontrara en un bello jardín de flores en el que vuelan mariposas y abejas.[18]

---

[17] 38:327-28, 8 de enero, 1971. World Scripture. Op. cit., p.665
[18] 22.12.1970. Cf. True families. Op.cit.

XIX

¿Qué es lo más sagrado que hay en el mundo? Lo más sagrado es el verdadero amor. Este amor se origina en Dios. Si Dios existe, entonces no hay otro camino más que el camino del verdadero amor.

Sin atravesar el camino del verdadero amor no podemos llegar a Dios. Tenemos que saberlo. Dios quiere ver, oír, comer y tocar a través del amor.

Si los seres humanos recibiesen un beso de amor de Dios, su alegría les haría sentirse como si fueran a explotar. Ese es el deseo de Dios.[19]

XX

El amor verdadero de Dios ha de ser el destino común de todos los seres humanos. Para lograrlo han de apartar todo deseo egoísta. Entonces será posible la unidad.

Para poder eliminar todas las fronteras entre hombres y mujeres, padres e hijos y en todos los niveles de las relaciones humanas, lo más eficaz es sacrificarse por los demás.

---

[19] Blessed Family - 380. Cf. True families. Ibíd.

El único camino para eliminar las diferencias rápidamente es el amor sacrificado y el sentimiento de responsabilidad.[20]

XXI

¿Qué se siente al experimentar el amor de Dios? Es como caminar por un jardín en un día de primavera.

Ves las flores y te embriagas con todas sus fragancias. Tumbado en la hierba, sientes algo indescriptible mientras miras al cielo y ves los cúmulos de nubes que adoptan formas como bolas de algodón.

Sientes que tus células bailan, respiran. El amor de Dios es la fuente del poder y la felicidad de todos los seres; dota a cada uno con energía vital.

El amor de Dios es el requisito absoluto para la fe.

Es el elemento necesario para la alegría, el placer, la paz y todos los deseos valiosos del ser humano.

---

[20] Cross over the boundary; 6 de octubre, 1974. Cf. New Hope, 12 talks. Vol. II. Op. cit.

www.ingramcontent.com/pod-product-compliance
Ingram Content Group UK Ltd.
Pitfield, Milton Keynes, MK11 3LW, UK
UKHW021935190726
13853UKWH00004B/1452

9 788412 359039